BAIRN

Nursery Rhymes
in Scots

by

SANDY THOMAS ROSS

With illustrations
by
Charles Summers

cover illustrations
by
Margaret Irving Miller

Alloway Publishing
Catrine

Originally published by
Macmillan and & Co. Ltd.
London,

1st Edition	1955
2nd Edition	1957
3rd Edition	1985

This edition published 2008
under license by
Alloway Publishing
54-58 Mill Square
Catrine, KA5 6RD
01290 551122
www.stenlake.co.uk

Printed by Walker & Connell Ltd.
Hastings Square, Darvel, Ayrshire.
ISBN 978 9 07526 11 7

CONTENTS

(Titles with small numbers refer to 'Answers to the Riddles', page 39)

	PAGE
THE CORBIE	1
HEEDERAM HODERAM	2
LEDDYBIRD	4
THE DAISY	5
MA BANTIE HEN	6
SOMETIME OR ITHER	8
THE FOWER WUNDS	10
RIDDLE-ME-REE 1 (for 31st October)	12
RADAR	13
WULLY WAGTAIL	14
COME-A-RIDDLE 2	15
VOODOO FOR MISS MAVERICK	16
A-LEARY!	17
THE SAUT HERRIN	18
THE WEE RID MOTOR	19
COME-A-RIDDLE 3	20
AT DAWNIN	21
THE DIUCK	22
SNUG	24
HALLOWE'EN	26
GRASSHOPPER	28
SCARECRAW	29
JENNY WI THE MUMPS	30
A WEE, WEE MAN 4	32

iii

CONTENTS

	PAGE
EASY AS A B C [5]	32
A CHAIRM	33
CAT	34
COME-A-RIDDLE [6]	35
THE AULD TROOT	36
LICHTIN THE FIRE	38
ANSWERS TO THE RIDDLES	39
GLOSSARY	40

THE CORBIE

A CORBIE sits at the tap o' thon tree,
An he's luikin doun wi his black, black ee,
An he's cryin oot wi a Caa! Caa! Caa!
'If ye try tae sclim up
Ye're suir tae faa!'

Ma feyther says it'll no be lang
Afore A'm big an souple an strang;
Then A'll sclim up an A'll no faa,
An ye'll see if the Corbie
Cries Caa! Caa! Caa!

For A ken his nest's at the tap o' thon tree,
That's why he's sittin an cryin at me.
Ma mither says it's a daft-like ploy,
But ma feyther cuid dae it
When he wis a boy!

HEEDERAM HODERAM

DOON on the strand ablaw Culzean,
Heederam hoderam hideram,
Three wee dearchs cam oot o' the main,
Corrie-a-ley-nam-bo.

HEEDERAM HODERAM

'Furrit,' says Ane, 'tae the simmer vale,'
    Heederam hoderam hideram,
'O' the papinjay an the nichtingale.'
    Corrie-a-ley-nam-bo.

'Whaur the gowden aipples hing,' says Twa,
    Heederam hoderam hideram,
'Frae the ferly tree on the gairden waa.'
    Corrie-a-ley-nam-bo.

Says Three, 'Keep min' as we step alang,'
    Heederam hoderam hideram,
'O' the learie worm wi the edder stang.'
    Corrie-a-ley-nam-bo.

I kenna what mair they micht hae said,
    Heederam hoderam hideram,
For sprachlin up the cliffs they gaed,
    Corrie-a-ley-nam-bo.

LEDDYBIRD

S E E sittin on my nieve, this wee wunner;
Taks a fat greenflie frae the roses for her dinner,
Faulds her wings genteel doon ower her back . . .
Bricht rid buttons on a coat o' black,
Syne big black blobs on a rid rid coat . . .
Whitna ferlie's this I've got?

Gif ye straik her humph wi a clumsy paw
She's no there avaa.

THE DAISY

THE daisy stude an looked aroon,
A glaikit lass in a bricht green goon.
Her gowden ee saw the lang-tailt moose
An a snail spring-cleanin his curly wee hoose.

But her sterched white lashes gat sairly draiglt
That a speeder owerspan till his feet gat taiglt.
Syne by cam a caterpillar cleanin his teeth
An nippit the soles o' her feet aneath.

MA BANTIE HEN

M A bantie hen is clockin;
  Is clockin, hard clockin,
Cluckin, clackin, clockin,
  In oor back-yaird.

She's made a nest o' feathers,
  O' feathers, grey feathers,
O' fluffy, flocky feathers,
  In oor back-yaird.

A'm thinkin she'll hae chickies,
  Hae chickies, wee chickies,
Wee cheekie, chookie chickies,
  In oor back-yaird.

A'll hap her frae the waither,
  The waither, cauld waither,
The wunny-weety waither,
  In oor back-yaird.

A'll feed her weel wi moulins,
  Wi moulins, fresh moulins,
Wi mixtie-maxtie moulins,
  In oor back-yaird.

For suin they will be hatchin,
  Be hatchin, safe hatchin,
All heavin, hotchin, hatchin,
  In oor back-yaird.

An sae they will be chickies,
  Be chickies, wee chickies,
Wee cheekie, chookie chickies,
  In our back-yaird.

SOMETIME OR ITHER

SOMETIME or ither
A winter's comin doon,
Wi schule tint in a smither
O' snaw an dams a-slither
The hale year roon.

An aa the seas'll freeze ower
Frae here tae Norroway,
An icebergs whummle trees ower,
The Borealis bleeze ower
The lift aa day.

8

An syne the muckle skeerie
Elephants'll trail
Oot o' some cauld Sibeerie,
Intae the gairden peerie
An pu the kail.

THE FOWER WUNDS

A WUND cam skirlin thro' the toun,
  Straucht frae the sea,
An cried 'A'll birl the grannies roun,
  Wait an ye'll see!'

A Wund cam gurlin thro' the toun,
  Straucht frae the hill,
An cried 'A'll ding the chimleys doun,
  Aye an A will!'

A Wund cam howlin thro' the toun,
  Straucht frae the muir,
An cried 'A'll frichten ilka loon,
  Ye can be suir!'

A Wund cam whistlin thro' the toun,
  Straucht frae the wuid,
An wheepled wi an eldrich croon,
  'Bairnies, be guid!'

RIDDLE-ME-REE [1]

(for 31st October)

I HAE nae need o' shune
Or claes
But kinnaweys
I'm like the man i' the mune.

I hae nocht in my heid
But — ae thing, an smaa.
(If I telt ye, ye'd ken aa.)
I'm no deid,
An I'm no leevin — richt.
Aweel, mebbe I'm leevin the nicht.

Yestreen I wasna born
An I'll be deid the morn.

The tap o' my heid's my hat;
I hae twa een like a cat,
A mou like a shark.
Ye wad ken me i' the dark.

Answer on page 39.

RADAR

THE whigmaleerie on the muir
Gangs widdershins an back again.
A geant flie, it spins on air,
For wing a muckle windapane.

It caims wee soons frae oot the lift,
Plays hie-spie wi the sea
An steeks its taes in the deep saundrift . . .
But it kinna frichtens me!

WULLY WAGTAIL

Wully Wagtail ower the Linn,
Whaur the watter's rinnin thin,
Deuk an dance the rocks amang,
Happy as the day is lang.

Wully Wagtail doun the Pool,
Whaur the watter's rinnin full,
Flichterin here an flichterin there
Without a thocht o' dule or care.

Wully Wagtail in the Schaw,
Whaur the watter's rinnin slaw,
Bobbin on a mossy stane,
Your lichtsome heart ye weel suid hane.

Wully o' the Watterside,
May ye aye wi joy abide,
Ne'er may sorrow dim your ee,
May we learn tae live like thee.

COME-A-RIDDLE [2]

I RAN awa an left him,
An left him,
An left him,
I ran awa an left him,
An left him faur ahin.
I ran that hard I cotched him,
I cotched him,
I cotched him,
I ran that hard I cotched him —
I shawed him hoo tae rin!

He wasna whaur I left him,
I left him,
I left him,
He wasna whaur I left him,
But creepin dour an slaw
Alang the gait I fotched him,
I fotched him,
I fotched him;
Alang the gait I fotched him,
He taigled time awa.

Wha can we be ava?

Answer on page 39.

VOODOO FOR MISS MAVERICK

I DINNA like Miss Maverick —
This cushion's for her heid.
I'm jumpin aa my wecht on't,
An noo Miss Maverick's deid!

Ye're deid, ye're deid, Miss Maverick,
An never mair ye'll say
I dance like a hird o' Ayrshire
Ky on a mercat day!

I'll pit ye ablaw the sofa —
Ye're deid an yirdit baith,
An never mair ye'll miscaa me —
Ye've drawn yer hinmaist braith!

A-LEARY!

A ZEENTY teenty timmourie fell,
A clover leaf, a heather bell;
A zeenty teenty haligalum,
A Japanee chrysanthemum;
A zeenty teenty lillibalu,
Forget-me-not an I'll be true.

THE SAUT HERRIN

(Wi apologies tae a man lang deid)

T H E waa, the waa, the white white waa
An up fornent it a lether . . .
He grups a nail in his big coorse paw,
In his pooch a muckle big hemmer.
Pits the nail in the waa, dingadingding,
Efter he's sclimt the lether;
On the nail he hings the stringastringstring
An draps tae the grun the hemmer,
Maks a knot at the en' o' the tooslie string
An hauds awa doon the lether,
When he's tied tae the string a rid herring
That swings roonanroon
An roon taks a swing
For ever
An ever
An ever.

THE WEE RID MOTOR

In my wee rid motor,
I can gang for miles,
Up an doon the gairden,
Through the lobby whiles.

Mony a bigger motor
Gangs tae toons afaur.
Nane can gang whaur I gang
In my wee rid caur.

COME-A-RIDDLE 3

A'v e a wee hoose o' strae,
That A didna gaither —
It's warm an it's cool,
In aa sorts o' waither.
A've thousands o' sisters,
But no a richt brither,
An ma feyther deed
When he mairied ma mither.
A wark nicht an day
Wi mickle tae shaw,
An when aa's weel won
It's aa stolen awa.
Tho A'm maist weel contentit
Ma temper is frail,
Sae haud weel ahint me,
Ma stang's in ma tail.

Answer on page 39.

AT DAWNIN

As I was leukin seaward
At dawnin, at dawnin,
As I was leukin seaward
At dawnin ae day,
I saw a ship tae leeward,
A cargo-boat blawn in,
I saw a ship tae leeward,
O' rocks in the bay.
But, sirs, ma hert blittert
An, sirs, ma ee glittert
For as the sawn flittert
The gurly win bittert
An sudden the scud in the lift was
    adrift
An I cudna see ocht for the spray.

THE DIUCK

Quuck! Quuck! Quuck!
Whit luck,
A'm a diuck!
Is't no great
That Fate
Mad me a diuck?
Whit luck!
Quuck! Quuck! Quuck!

Eh, Sir, A'm gled A'm no a hen,
That stauchers roon inside a pen,
An scairts aboot frae morn till nicht,
An thinks she's daein aa things richt.
A stuipit, pridefu, puffed-up burd
That gies ye scarce a ceevil wurd.
At least A ken whit A'm aboot —
That's mair than hens dae, A've nae doot!

THE DIUCK

A ken she lays a wheen o' eggs,
Has fine, saft feathers, lang, straucht legs.
She disna fyle her fair guid name
By gallivantin far frae hame,
But keps in-by sae crouse an canty,
Wi nae mair speerit nor a bantie,
While A gang sprachlin ower the park
An stay awa till after dark.

A ken ma feet are unco big,
Ma legs are bandy, A'm no trig
An sleekit like ma graund relations,
But whit's the odds? A've compensations,
Lik soomin i' the miller's stank,
An huntin troots ablow the bank,
Catchin the puddocks in the sheuch,
An gobblin worms ahint the peuch.

Wi that she winked a yellow ee,
Nodded an wagged her tail awee,
An ploutered aff thro mire an muck,
A couthy weel-contented Diuck.

SNUG

SCLIM the stairs canny,
Loup the stairs crouse ;
Whurl, ye auld granny,
The lid on the hoose.

Snib the big pressie,
Pit on your nicht-sark ;
Say your God-bless-ye . . .
Sterns, caunle the dark.

Girn-girn, says the bedpost,
Scliff-sclaff, the sheet;
Whuff! says the bowster.
(The win's doon the street.)

Noo, Man-in-the-munie,
Blaw your licht oot.
Steek, win, your whussle . . .
She's sleepin, A doot.

HALLOWE'EN

HALLOWE'EN — an Carlins fleein
On bane-weed besoms across the muin,
Hallowe'en — the sun is deein,
Winter's nicht is comin suin.

HALLOWE'EN

Hallowe'en — an the Wee Folk dancin,
In faery rings across the glen,
Hallowe'en — wi elf-lichts glancin,
Thon's no a place for Christian men.

Hallowe'en — an Warlocks warkin
Unhaily spells at the mirksome oor,
Hallowe'en — the Deevil's lurkin!
Jesu, protect us wi thy pooer!

GRASSHOPPER

Chir-r-r! I'm fair forfochen,
Sing-singin the hale o' the lang day
In the heather bush at the side o' the still lochan —
It's gran tae be hame at nicht an dune wi play.

Chir-r-r! Aa this saun
Tae be soopit oot o' the close an aff the stair!
Whaur it comes frae I canna unnerstaun —
There was nane here at sun-up, I'm certain suir.

Chir-r-r! The last o' the licht!
It's a peety I hadna rowed the knock afore.
Chir-r-r! Chir-r-r! an I'm ready for bed the nicht!
Hech, sirs, I maun steek the haa-door!

28

SCARECRAW

A U L D T U M S H I E - H E I D wi sticks for your banes,
Straidlit in stibble tae frichten jaikdaws;
Wi a bunnet that bields the robin's wee weans,
An a grauvat an fairmer's green troosers for braws.

Wave your blin airms an dance wi the win,
Flype your auld jaiket an coost it on hie;
Shoogle your shoothers, the spring's blawin in;
Tummle your wilkies; you're coupit ajee!

Ye've scairt aa the daws an had your bit fling;
Let the green corn win ower ye gin it's the spring.

JENNY WI THE MUMPS

JENNY wi the mumps,
Sittin in the dumps,
Sittin on a creepie,
Feelin kinna sleepy,
Feet amang the cinders,
Just like Polly Flinders,
Jenny wi the mumps,
Sittin in the dumps.

Jenny wi the mumps,
Face aa heichs an humps,
Trachled wi your mooth,
Canna slock your drooth,
Aa your teeth are seggit,
Aa your gums are cleggit,
Jenny wi the mumps,
Sittin in the dumps.

Jenny wi the mumps,
Loupin, gowpin lumps,
Canna steek your een,
Muckle safety-preen
Haudin on your flannen,
Chowks aa swalt an stounin,
Jenny wi the mumps,
Sittin in the dumps.

A WEE, WEE MAN [4]

A'M a wee, wee man,
Wi twae black een,
An a lang, lang neb,
That's unco keen.
A'm fond o' ma drink
Sae lang as it's warm;
A can jouk and can jink,
Sae ye'll dae me nae harm.
Whiles A'm white, an whiles A'm broun,
Ye needna expect tae meet me in the toun!

EASY AS ABC [5]

Up the brae,
An ower the tap,
An doon I gae,
An up the brae,
An ower the tap,
An doon I drap,
An up the brae,
An there I stap.

Answers on page 39.

32

A CHAIRM

I'm makin a ring o' stanes i' the wude
An gaitherin Raggit Robin rid.
Three times roon an three times back
An there a spell that's strang tae mak
My true luv in the years tae be
Come tae my hoose an mairry me.

CAT

SLEE baudrons sits prr-prr in the neuk,
Her een like blots in a pictur-book.
She streeks prr-prr her velvet taes
An wi rough rid tongue she washes her claes.
Prr-prr she curls her tail in a cleek
An maiow says she as she rubs her cheek,
Her sodger's whiskers, syne her fur
On the lang man's legs as he straiks prr-prr
Her blackpatcht-whitepatcht slippery back.
Roon the table she taks a stalk,
Liftin her paws like a juck frae the glaur,
And slockens her drouth at the muckle gless jaur.
Lipple-lapple lip-lap says the water,
Whan oot frae the hole a moose plays scatter;
Baudrons loups.   There's a wee puckle stour,
An a squeal . . . an a scliff . . . an a queer prr-prr.

COME-A-RIDDLE 6

A'M broun as a Berry,
White as the Snaw,
A'm hard an A'm Hairy,
An roun as a Baa;
A havenae a Body,
Anerly a Heid,
Wi twa blin Een
An ane wi a Seed.
Stappin your Hunger,
Slockenin your Drouth,
Ye'll no eat me Hale,
A'm ower big for your Mooth!

Answer on page 39.

THE AULD TROOT

THE auld broun troot lay unner a stane,
Unner a stane lay he,
An he thocht o' the wund,
An he thocht o' the rain,
An the troot that he uist tae be.

A'm a gey auld troot, said he tae hissel,
A gey auld troot, said he,
An there's mony a queer-like
Tale A cuid tell
O' the things that hae happened tae me.

They wee-hafflin trooties are aa verra smert,
They're aa verra smert, said he,
They ken aa the rules
O' the gemm aff by hairt,
An they're no aften catched, A'll agree.

They're thinkin A'm auld an they're thinkin
      A'm duin,
They're thinking A'm duin, said he,
They're thinkin A'm no
Worth the flirt o' a fin
Or the blink o' a bonnie black ee.

But A'm safe an A'm snug in ma bonnie wee
      neuk,
A'm safe an A'm snug, said he,
A'm the big fush that
Nae fusher can heuk,
An A'll aye be that—till A dee!

LICHTIN THE FIRE

A SPUNKIE scraiks alang the box
An rins ablaw the jaggit rocks;
Keeks oot, taks hairt
An maks a dairt;
Syne ower the coals
Gae seeven wee trolls
That loup an rin;
Noo twinty-ane
Haud close thegither, courie doon,
An sprachle oot an flanter roon,
Till, birlin in a tee-to-tum,
They sclim the reek an up the lum.

ANSWERS TO THE RIDDLES

1. A neep-licht (turnip-lantern).
2. The hauns o' the knock (hands of the clock).
3. The bee.
4. Whitterick (weasel).
5. The letter *n* (hand o' write).
6. Coconut.

GLOSSARY

aa (pron. *aw*), all
ablaw, below
ae (pron. *yay*), one
afaur, afar
aff, off
afore, before
ahin(t), behind
aipples, apples
ajee, awry
alang, along
amang, among
ane (pron. *yin*), one
anerly, only
ava(a), at all
awa (pron. *awaw*), away
aweel, however

baa (pron. *baw*), ball
bairn(ie), child
bane-weed, rag-wort plant
bantie, bantam
baudrons, pussy cat
besom, birch-broom
bields, shelters
birl, to turn round quickly
bittert, became keener
blawn, blown
blin, blind
blittert, pounded, raced
bleeze, blaze
bowster, bolster
brae, steep hill
braith, breath
brak, break
braws, good clothes
bricht, bright

cam, came
canna, cannot
canny, cautious
cantie, lively
carlins, witches (ancient hags)
cauld, cold
caunle, to light up (as with a candle)
caur, car
chimleys, chimneys
chowks, cheeks
claes, clothes
cleggit, clogged
clockin (pron. *cloakin*), broody (hen)
close, entry (to a tenement)
corbie, crow
cotched, caught
coupit, upset
couthie, amiable
creepie, small three-legged stool
crouse, bold, brisk
cud or *cuid(na)* (pron. *kid*), could (not)
Culzean (pron. *Cullain*), a famous castle on the cliffs, south of Ayr

dae(in), do(ing)
daft, d-like, silly
dawnin or *dawin*, dawn
dearch, dwarf
dee(in), die, dying
deid, dead
ding, knock
dinna, do not

GLOSSARY

disna, does not
diuck (pron. *juck*), duck
doon or *doun*, down
doot, doubt, dread
dour, determined
draiglet, bedraggled
drap, drop
drooth or *drouth*, thirst
dule, misfortune
duin or *dune* (pron. *din*), done

edder, adder
ee(n), eye(s)
eldrich, eerie, unearthly
elf-licht, will-o'-the-wisp
en, end

faa (pron. *faw*), fall
fain, completely
faulds, folds
faur, far
ferlie, *ferly*, wonder, wonderful
feyther, father
flannen, flannel
fleein, flying
flichterin, fluttering
flittert, blew on the wind
flype, to turn outside in
forfochen, tired out
fornent, facing, opposite
fotched, fetched
frae, from
frien(ly), friend(ly)
furrit, forward
fyle, besmirch
gae(d), go, went
gairden, garden
gaither(in), gather(ing)

gallivantin, making a light-hearted expedition
gang, go
geant, giant
gemm, game
gey, very, fairly
gin, *gif*, if
glaikit, silly, affected
glancin, flickering, reflecting
glaur, mud, ooze
gled, glad
glittert, glittered
goon, gown
gowden, golden
gowpin, throbbing
grannie, revolving chimney-can
gravat, cravat
guid (pron. *gid*), good
gurlin, growling
gurly, angry, rough.

haa-door, hall-door—front-door of a house
hadna, had not
hafflin, young fellow, adolescent
hairt, heart
hale, whole
Hallowe'en, last night in October, eeriest night in the year
hame, home
hane, *hain*, preserve, save
hap, wrap, protect
haud (pron. *hod*), hold
haun, hand
heichs, heights, hills
heid, head
heuck, hook

GLOSSARY

hie, high
hing, hang
hinmaist, last
hird, herd
hoo, how
hoose, house
hotchin, fidgeting
howe, hollow

I', in
in-by, close at hand
intae, into
ither, other
itsel, itself

jaikdaws, jackdaws
jink, dodge
jouk (pron. *jook*), dodge
juck, duck

kail, winter greens
ken(na), know (not)
kenspeckle, conspicuous
keps, keeps
kinna, kind of, rather
kinnaweys, in a manner of
  speaking
knock, clock

lane, lone
lang, long
learie, wise, learned
leeve, live
lether, ladder
leuk(in), look(ing)
licht, light
lift, sky
linn, waterfall
lobby, hall

lochan, mountain tarn (lit.
  small lake)
loon, young fellow
loup(in), leap(ing)
luik (pron. *luck*), look
luv or *luiv*, love

ma, my
mair, more
mairry, marry
makin (pron. *mackin*), making
maun, must
mebbe, maybe
mercat, market
micht, might
mickle, little
mirksome-hoor, midnight
mirky, dark
miscaa, abuse
mither, mother
mixtie-maxtie, mixed
mooth, mouth
morn (the), tomorrow
mou, mouth
moulins, crumbs
muckle, big
muin (pron. *min*), *mune* or
  munie, moon
muir (pron. *mair*), moor

nane, none
neb, nose
neist, next
neive, closed hand
neuk, corner, ingle
nicht, night
no, not
noo, now
Norroway, Norway

42

GLOSSARY

o', of
ocht, anything
oor, our, hour
oot, out
or, before
ower, over, too

papinjay, parrot
peerie, look
peety, pity
peuch, plough
pit, put
plays, goes
plouter, potter about
ploy, game
pooer, power
pressie, wall cupboard
pu, pull
puddock, frog

richt, right
rid, red
rin, run
roon, roun, round
rowed, rolled up or wound up

safety-preen, safety-pin
saun, sand
scairt, frightened off
scaur, high steep bank
schaw, meadow
schule (pron. skill), school
scliff, rasp, scuffle (expresses
    sound)
sclim(b), climb
seggit, on edge
shawed, showed
sheuch, ditch
shoogle, shake to and fro

shoone, shune, shoes
Sibeerie, Siberia
simmer, summer
sittin, sitting
skeerie, alarming
skirlin, screeching
skreekin, creaking
slaw, slow
slee, sleekit, sly
slock (en), quench, slake
smaa, small
smirkin, smirking, smiling
smither, smother
snaw, snow
snib, bolt, fasten
soomin, swimming
soop(it), sweep, swept
souple, soople, strong, sinewy
sprachlin, sprawling,
    clambering
stane, stone
stang, sting
stank, mill-lade, ditch
stap, stop, satisfy
staucher, stagger
steek, fasten
stern, star
stibble, stubble
stoun, throb
stour, dust
strae, straw
straidlet, straddled
straiks, strokes
strang, strong
straucht, straight
streeks, stretches
stupit, stupid
suid (pron. shid), should
suin (pron. shin), soon

43

GLOSSARY

suir (pron. *share*), sure
swalt, swelled
syne, since, soon, next, then,
  ago

tae, also
taigled, draggled, detained,
  entangled
tap, top
telt, told
thocht, thought
thon, yonder
tint, lost
toom (pron. *tim*), empty
toon, toun, town
tooslie, tangled
trachled, troubled, encumbered
trig, neat
tummle, tumble
t. your wilkies, turn
  somersault
tumshie, turnip
twa(e), two

uist (pron. *yist*), used
unco, very
unhaily, unholy
unnerstaun, understand

waa, wall
waither, weather
wark(in), work(ing)
wasna, was not
wean (pron. *wain*), child
wecht, weight
wee, little
Wee Folk, fairies, who, in Scot-
  land, must not be offended
whaur, where
wheen, large number
wheeple, whistle
whigmaleerie, fantastic thing
whiles, at times
whitna, what kind of
whitterick, weasel, stoat
whummle, fling, tumble
whussle, whistle
wi, with
widdershins, against the sun
win, go
worm, serpent, dragon
wude, wuid (pron. *wid*), wood
wunner, wonder
wunny-weetie, windy wet

yestreen, yesterday
yirdit, buried

THE END